JN439400

별 따라가는 길II

최석산 시집

교음사

머리말

아름다운 사계절과 함께해 온 인생을 살아오면서 어느덧 내 나이 90의 졸수라니 느껴지지 않습니다.

두 번째라기보다는 또 한 권의 졸시(拙詩) 60수를 늦으나마 펴내게 됨을 망설이다가 나름대로 인생에서 얻어진 사유(思維)의 서정을 모아서 늦게나마 내놓게 되었습니다. 먼지가 희게 낀 머리에서 나온 졸시일망정 가려서 '별'을 보도록 공감대가 이루어지기를 바랍니다.

이 책이 나오기까지 편집 발간을 수고하신 교음사 강병욱 대표님께 감사를 드립니다.

2022. 7. 저자 **최석산**

· 차례

1부

2부

3부

4부

5부

6부

행복의 길

사랑을 등에 업고 함께 가는 길
그 길만은 행복이 있는 곳이라
무한대를 놓고도 즐거운 가운데
사랑을 나누면서 가는 곳이지

지친 몸 힘든 표정 서로가 위로하고
고통과 절망 속에 서로가 인내하며
분하고 서운한 것 서로가 용서하고
즐겁고 기쁜 날에는 서로가 축복하네

온 세상 요란해도 자유로운 그날은
믿음 소망 사랑으로 서로가 얼싸안고
이 세상 끝날까지 잔잔하게 흘러서
평화의 모습으로 영원히 함께하리

찰리 채플린의 명언

인생은 멀리서 보면 희극이고 가까이서 보면 비극이다

희극이든 비극이든 실상을 알고 보면
사람 사는 것이 거의 비슷합니다

나와 똑같은 고민을 하고
똑같은 외로움 속에서 몸부림을 칩니다
남과 비교하면 다 내 것이 작아 보입니다
나에게만 아픔이 있는 것이 아니라
실상을 들어가 보면 누구에게나 아픔이 있습니다

비교해서 불행하지 말고 내게 있는 것으로
기뻐하고 감사하는 것은 어떨까요
인생은 희극처럼 살아도 짧은 시간입니다

감사는 천국이요 비교는 지옥입니다

인간의 마음

가까이 있어도 마음이 없으면 먼 사람
멀리 있어도 마음이 있으면 가까운 사람
사람 사이는 거리가 아니라 마음이라오

마음을 다스리고 아프게 하지 않는 사람
따스한 말만 하고 배려와 위로의 마음
이 마음 가진 사람이 더없이 좋은 사람

아름다운 사람은 욕심 없이 즐기면서
서로를 존중하며 기쁨을 건네주는 마음
언제나 웃음이 이어지는 해맑은 사람

바라보는 눈동자는 맑은 샘물처럼
깨끗하고 따뜻하게 가슴을 안아주며
언제나 그리움을 시원하게 하여 준다

하루의 시작 1

새날 아침 밝은 빛의 신선함이 들어온다
밤은 지나고 낮이 반갑게 문을 열어라
죽음에서 생명으로 절망에서 희망으로
새로움이 다가서며 또 하루가 시작된다

오늘 무엇을 입고 먹으며 무슨 일할까
세상 속에 잠기면서 사색하여 본다
관계 형성 이웃 사랑 화목의 길섶을 헤쳐본다
건강 화목 사랑의 진리는 어디인가 헤아려본다

자연의 섭리 속에 나타나는 모습들
자연과의 관계 형성 새 소망 떠오른다
태초의 하루가 어둠에서 빛으로 나와
밤낮으로 하루를 창조주께 감사하여라

내 삶의 현장에서 함께하사 지혜를 주시고
땀 흘려 일하고 거두게 하시니 감사하며
기쁨이 충만하여 오늘도 이렇게 감사하고
기쁘고 즐거운 행복한 하루가 시작된다

봄은 왔는데

한반도 대지 위에 봄은 찾아왔는데
눈 비벼 보노라니 뿌옇게 물들은 하늘 먹구름
한겨울에 얼어붙은 한반도의 대지여
무엇으로 녹여지고 밝아지기를 고대하는지

마음껏 부르짖어 따스한 온기 몰아서
우리 한번 연합하여 인류문화 바르게 고쳐 잡고
만물이 소생토록 싹 틔우는 봄날 맞이하여
그 바람 훈풍으로 일궈가며 꽃을 피우세

새로운 봄날 오니 이렇게도 반가운 것인가
아름다운 금수강산 한반도가 꽃 피우세
인류가 소망하는 평화의 꽃을 피워보세
진정으로 꽃망울 열어주는 봄은 왔어라

희망을 바라는 사람들

사람은 모두들 앞으로 걸어간다
시간은 미래를 향해서 흘러간다
미래가 불확실하면 삶이 힘들다
미래를 희망하면 현재를 이기며 산다
희망은 삶의 앞길을 밝히는 등불이다
사람들은 희망을 먹으며 살아간다
코로나로 인해서 희망을 더욱 갈망한다
희망의 빛이 어느 때 갈망하게 되는가
모든 것이 사그라지고 앞이 안 보일 때
우리는 더욱더 삶의 빛을 간구하노니
마음의 두려움에서 희망이 사라지며
희망이 넉넉하여서 두려움을 몰아낸다
하나님은 우리의 삶에 희망을 주시노라
너도나도 감사함으로 희망을 바라본다

당신과 나의 인연

생각 없이 굴러다니는 구슬이라도
가슴으로 품으면 보석이 될 것이고

흔하고 흔한 물 한 잔도
마음으로 마시면 보약이로다

풀잎 같은 인연도 잡초라 여겨지면
누구든지 뽑아 버릴 것이로다

그러나 잡초를 꽃이라고 하는 사람은
최선을 다해서 가꿀 것입니다

당신과 나의 만남은 꽃잎이 햇살에 웃듯이
나뭇잎들이 바람에 춤을 추듯이

일상생활이 행복하고 기쁨이 된다면
한 떨기 꽃처럼 아름다울 것입니다

오늘도 당신과의 인연의 소중함을
내 가슴에 새기면서 행복한 하루를 바라보며

당신은 세상에서 제일 좋은 사람이라
그래서 나 또한 좋은 사람 되는 것이 아닌가

노년의 추억

세월은 변해만 간다
우리네 모습도 뒤따라 변해간다
그곳에 잠기는 우리들 마음
서로가 배려하고 누(累)가 되지 않는
너와 내가 되었으면
뒤돌아서도 언제나 여운(餘韻)이 남는
미소가 머금은 너와 나
언제나 연인처럼 때로는 부부같이
그리움 남겨지는 너와 나의 만남
후회 없이 남겨지고
아름답게 물들도록
노년의 황혼을 추억으로 만든다
그리움에 설레며 너와 나를 위해서

봄맞이 산행

길섶에 살며시 내민 들풀
지난밤 내린 비에 생기(生氣)를 보인다

봄 햇살 반기며 얼굴 스치는
바람이 부드럽다

아직은 앙상한 나무들
가지마다 앙다문 잎이

지저귀는 새들 소리에
신이 난 듯 흔들린다

메말랐던 긴 고랑에
내린 비에 물 담았고

떠 있는 단풍들도
봄을 누리네

봄맞이 꽃잎

화사한 봄맞이는 너도나도 챙기지만
동면하던 개구리도 입 열며 기지개 켜고
버들강아지는 꽃망울이 솟아 내밀며
시새워서 개나리 진달래가 피며 나온다

양지쪽 언덕에는 새싹을 내밀며
산기슭에 아낙네들 나물 캐러 너도나도
고운 얼굴 상할세라 흰 수건 둘러싸고
손에 손에 호밋자루 칼자루 대바구니

흥겨운 콧노래 불러가며 들녘으로 나간다
그러나 웬일인지 석연치 않은 것들
불청객의 미세먼지 뿌옇게 앞 눈 가리니
너도나도 맑은 지역 눈 비비며 부딪쳐 본다

봄맞이 꽃잎 보며 나물 캐는 모습이라
그 옛날 맑은 공기 생각나게 하노니
우리네 자연 사랑 안타까운 심정이라
우리 모두 결심하여 자연 사랑 실천하세

2부

자유의 순리대로

우리가 꾸미고 가꾸는 세상 삶이
지구촌의 온 인류가 모두 다르지만
자연은 하늘에 순종하면서
오로지 절기 따라 흘러만 간다

우리네 인생사도 모두 같지 않지만
한마음 한뜻으로 손에 손잡으면서
자연의 순리 따라 함께하는 발길로
서로 돕고 사는 인생 만들어가세

우리가 이제는 손에 손잡고 정겨운 이웃 되어
삼천리 팔도강산에 먹구름 걷어내며
아름답게 용서와 사랑으로 꽃피우면
천지신명 하늘도 우리가 함께하오리

자유의 꽃

장미꽃 백 송이는 일주일이면 시들지만
마음꽃 한 송이는 백 년의 향기를 풍긴다

건강할 때는 사랑과 행복만 보이고
허약할 때는 걱정과 슬픔만 보인다

혼자 걷는 길에는 예쁜 그리움이 있고
둘이 걷는 길에는 어여쁜 사랑이 있고
셋이 걷는 길에는 따뜻한 우정이 있고
우리가 걷는 길에는 잡고 나가는 힘이 있다
우리 모두 함께 하는 민주주의 자유의 꽃이 핀다

石林

냉이의 향연

봄철 아낙네들 들판에 냉이들이 뽑힌다
허리춤 자루 속에 무참히 담겨지고
해 질 무렵 발 구르며 자기 집에 도착한다

내 이름 붙여서 냉잇국 냉이무침 빈대떡
여러 가지 냉이 향기 봄날의 춘곤증 없애고
너도나도 춘기증(春氣症)을 찾으려 한다오

아 냉이 나의 삶이여 들판에서 태어남도
우주 만물 창조사에 내게 주신 운명이라
우리 모두 희생정신 하나로만 살라 하시네

욕심

인간 욕심 무한하여
모두 다 갖고 싶지만
떠날 때는 빈손으로 가지 않던가

돌이켜보면
어느 하나도 내 것은 아니요
신의 창조 섭리 속에
맡은 자의 본분으로
나는 잠시 만졌다 놓았을 뿐

산다는 것은
자연 속에 살아 머무는 곳
인간 욕심 벗어 버리고
너도나도 다툼없이
이웃과 더불어 정겹게 살아가는 것

두물머리

북한강과 남한강의 두물이 서로 만나 합쳐지니
두물머리 되었어라
서로가 마다않고 모두가 반겨주고 안겨주니
사계절의 변화 모습 오천 년의 지난 세월 느티나무
어우러져 풍월객의 쉼터 되네

아침에 피어나는 물안개 속 일출 광경 장관을 이루며
석양의 황포 돛대는 누구를 기다리는고

너도나도 찾아들면 반겨주고 어우러져 관망하니
모두는 가슴 깊이 울먹이며 평화통일 바라본다

부딪치는 인생사(人生事)

망망대해 바다 물결 바람 타고 올라오니
그 소리가 일깨우며 해변육지 다가오면
깨알 같은 은색 모래 솟구쳐서 나온 바위들
그에 덮쳐 부딪치는 파도소리 들려온다

대지 위에 곳곳마다 우뚝 솟은 산봉우리
사계절의 바람 타고 부딪치는 자연 속에
눈과 우박 소낙비가 계절 따라 내리다가
세찬 바람 잠잠한데 미세먼지 웬말인가

너도나도 서로서로 부딪치는 인생사라
세계 속의 정상들이여 천지창조 원리 따라
바르게 부딪쳐서 정직과 진리 속에 사랑으로 열매 맺고
분단의 대한민국 평화통일 이룩하여 사랑으로 살아가세

하루의 시작 2

어둠 속에 잠겼던 눈을 떠 보니
새날 아침 밝은 빛의 신선함이 창문으로 들어온다
밤은 지나가고 낮이 반갑게 문을 열었다
죽음에서 생명으로 절망에서 희망으로
새로움이 다가선다

오늘도 무엇을 입을까 무엇을 먹을까 무슨 일을 할까
세상 속에 잠기면서 사색해 본다
관계 형성 이웃 사랑 건강과 화목의 길섶을 헤쳐 보면서
화목의 진리는 어디에 있는지 확인해 본다

그것은 자연의 섭리 속에 나타나는 모든 것들
그들과의 관계 형성 새로운 소망이 떠오른다
어둠에서 밝은 빛이 말씀의 방향으로 내려진다
어둠에서 빛으로 밤에서 낮으로 태초의 하루를
열어주신 하나님께 감사하라

내 삶의 현장에 지혜를 주시고 땀 흘려 일하고
거두게 하시며 기쁨이 충만하여 오늘도 이렇게
감사하면서 하루가 시작된다

다람쥐 양식

높은 나무 지적하면 상수리나무여라

가을하늘 높다 않고 어느새 저만치 자랐네

곧게 자란 상수리나무 도토리 열매 열리면

산속에 다람쥐 드나들며 겨울 양식 찾으니

도토리가 방긋이 구르면서 다람쥐 양식되네

산

높고 낮은 산봉우리
어머니의 포근한 젖가슴
서로가 마주하며
말없이 안아주고 쳐다본다

약한 자에게 힘을 주시는 산
새소리 물소리 근원지를 보존하며
자기를 스스로 돌보시네
그 자태를 누가 말하랴

달빛에 수줍은 알몸 감추려고
안개 불러 산자락을 덮어가며
고요한 침묵 속에 잠드는 산이여
내일을 말없이 바라만 본다

石林

계곡

계곡마다 피어나는 물안개
말없이 하늘 위로 피어가며 사라진다
누구 위해서 그리 피어나는가
아마도 메마른 공기 속을
모든 생물의 에너지 되나 보다

나뭇가지 사이사이
새파란 하늘 보이고
눈부신 햇살이 길게 뻗치네
더 할 수 없는 무릉계곡이라
맑은 물에 발을 담근다

이 몸 그저 시원함이 통쾌하고
산이 되고 빛이 되어 바람을 일으킨다
아름다운 풍경 속이 마주쳐서 달래가며
아쉽고 또 아쉬워 눈에 담고 가노라면
신비한 자연 속에 깊게 잠긴다

3부

기다림

겨울의 나뭇가지 앙상히 떨면서 봄을 기다린다
봄이 오면 산들바람에 꽃잎이 피어난다
무성해진 나뭇잎들이 푸른 하늘 바라보며
결실의 계절 풍성한 가을이 돌아오면
시새워 열매 자랑 주인을 기다린다

인생의 삶들이 자연을 벗 삼고 한쌍을 기다린다
한쌍의 신혼부부가 자녀의 꿈을 꾼다
세상의 모진 바람 매 맞으며 기다린다
그 자녀 탄탄하고 바르게 성장시켜
또 한쌍의 한 가정이 태어남을 기다린다

세월은 간다

이 한세상 태어나면 세월을 접한다
어릴 때 부모 밑에 그늘 따라 성장하며
좋든 나쁘든 한세상 세월 따라 모두 간다
즐거움과 행복이 무엇인가 모르면서
오늘도 하루를 마음속에 담아본다

좋든 나쁘든 그날그날 가는 게 세월인가
밀어내지 않아도 절기 따라 세월은 간다
하루하루 찾지 않아도 그대로 순연한다
오늘은 세월 속에 어떤 모습 그려졌나
그 모습도 멈추지 않고 세월 속에 묻혀간다

창가의 계절 변화 그 모습 바라보며
시냇물 흐르는 소리 귀에 들려 눈이 감긴다
산속의 옹달샘이 흘러내려 내 눈을 적시네
그렇게도 다정했던 이웃집 또래 친구들이여
오늘도 그 친구 만난 듯이 세월 속에 묻혀간다

주님의 들꽃이고 싶습니다

당신을 사모하는 생각만으로
더욱더 가까이
있어야 할 줄 알면서
가까이 다가서지 못하고
주님의 발자국을
따라야 할 줄 알면서도
따르지 못하는 이 마음
어찌하여야 합니까
지금은 어디쯤 와 있을까
어느 바람결에 실려
당신 곁에 머물고 싶습니다
차라리 이름 없는 들꽃처럼
헝클어진 모습 이대로
바람에 나부끼면
나부끼는 모습 이대로 내 가슴 안에
오직 주님만을 모시고 사랑하여 피고 지는
주님의 들꽃이고 싶습니다
주님이 보내주신 바람에게 소식 전하며

노년의 인생

황혼의 우리 나이 8~90의 인생을 돌아본다
살 만큼 살았다고 말할 수 있을까
시기 질투 불평불만 해왔지만
노안으로 시력은 어느새 떨어지고
망각 속에 건망증으로 추해져 가노라

늦가을 벤치 아래 가랑잎 구르는 소리
오늘따라 유난히도 귓가에 스쳐간다
아마도 진리(眞理) 따라가는 자연의 정도(正道)이지
너도나도 노년 인생 준비되는 신호라네
우리들의 노년 인생 여기 따라 흘러만 간다

흐르는 세월 따라 늙는 생각 접어두고
더불어 사는 인생 욕심일랑 버려야지
단아(端雅)하게 늙는 것도 아름다운 보석이라
기쁨과 즐거움이 노년 인생 정도(正道)라네
웃으면서 건강하게 감사하며 살아가세

돌아가는 길

삶과 죽음
만남이 있으면 헤어짐도 있으리라
빈손으로 왔으니 빈손 들고
나 홀로 왔으니 나 혼자 떠나는 길

인생살이 이것저것 맛보며 살다 보니
주름살만 생길 뿐
얼굴에 생겨나는 밤버섯 송이 알이
갈 길을 안내하듯 여기저기 솟아나네

이런저런 생각들 아름답게 가꾸며
이도 저도 모두 다 좋게만 보세
양보하여 내어주며
욕심일랑 털어버리고
빛바랜 눈물 자국 하나 남기며
너도나도 돌아가야 하는 길 돌아가는 길

더운 날에 사색

창문을 열면 바람이 들어오고
마음을 열면 행복이 들어온다
아침엔 따뜻한 웃음으로 문을 열고
낮에는 활기찬 열정으로 일을 하고
저녁엔 평안한 마음으로 마무리한다

어제는 어쩔 수 없는 날이었지만
오늘은 만들어 갈 수 있는 날이고
내일은 꿈과 희망이 있는 날이다
내가 웃어야 내 행운도 미소짓고
나의 표정이 행운의 얼굴을 좌우한다

믿음은 수시로 들이마시는 산소와 같고
신용은 언제나 지켜야 하는 약속과 같다
웃음은 평생 먹어야 하는 상비약이고
사랑은 평생 준비하는 비상약이다
그러므로 삶의 좋은 약은 사랑의 약뿐이다

기분 좋은 웃음은 환하게 비추는 햇볕과 같고
햇볕처럼 화사한 미소는 집안을 들여다보는
천사와 같다
꽃다운 얼굴은 한철에 불과하나
꽃다운 마음은 평생을 지켜준다

노년의 삶

노년인생 어찌하여 고독감이 생기는가
사계절중 늦은가을 노년들의 계절일세
쓸쓸하고 외로워서 떨어지는 낙엽인가
사는동안 웃음으로 선행하며 감사하세

모든일이 유한하여 천사만사 때가있네
인간세상 자연섭리 태어나고 죽어가니
살아생전 가진재물 나누면서 웃음갖고
이웃사랑 베풀면서 무거운짐 벗고사세

가을이 물든 하늘가에서

오늘의 삶이 다시금 하늘을 바라본다
저 하늘가에 사랑이 있으면 좋겠네
하늘같이 파란 마음으로 고추잠자리 맴돌고
가을하늘 드높게 메아리쳐 울려 퍼진다

너도나도 설레며 드높은 가을하늘 접어둔다
사랑이 가득 찬 메시지가 나를 불러일으킨다
많고 많은 사랑 속에는 언제라도 반겨주는 들꽃처럼
행복이 담겨지는 사랑이 되었으면 좋겠다

오늘 나의 삶이 다시금 하늘을 바라본다
높푸른 하늘가에 사랑으로 채워진다면
하늘같이 파란 마음으로 고추잠자리도 맴돌며
가을하늘 드높게 메아리쳐 울려퍼진다

천둥소리

하늘이 찢어지는 아픔을 참지 못해
울음을 터뜨린다

우르릉 쾅 쾅
하염없이 눈물을 퍼붓는다
너도나도 먹구름의 아픔을 헤아려 본다

인간 세상 같은 아픔
어두운 세속의 죄악들이
함께 아픔을 울부짖는다

하나님의 뜻을 왜 모르는가
이 세상 자연의 섭리와 세속도
하나님이 운행하시며
돌이켜 사랑으로 보게 하신다

호국 보훈의 달 6월

애국애족의 대한민국 국민이시여
광활한 하늘 아래 푸르름이 짙어가는데
오늘의 세상사는 독주하는 모습이라
호국 영령 앞에 가슴 조아려 묵상함이여

해마다 맞이하는 6월을 교훈 삼고 깊이 반성
학생들의 애국 영령 묘비에 먼지를 닦아주네
이념 갈등 종식하고 호국 영령 전에 협치하세
회개 눈물 비 내리는 밝은 빛을 고대한다

남북 대결 종식으로 성서의 대한민국이
세계평화 기점의 선구자로 민족 중흥됨이여
국제정치 바르게 이룩되는 기초가 되어져서
세계인류 연합으로 평화통일 바라보자

4부

여름을 보내며

막바지 폭염 속에 매미소리 요란하면
여름은 서서히 막을 내리고 매미소리 멀리간다
태풍을 동반한 폭우는 온 동네 휩쓸어서
산뜻한 모습으로 시원한 바람 몰고 온다

고추잠자리 창공에서 하늘하늘 비행하며
입추를 등에 업고 나타나는구나
보내는 아쉬움에 천둥 구름 속의 눈물 내리면
한여름 만삭되어 폭염도 고개 숙인다

가는 여름 맞는 가을 서로가 약속하듯
변함없이 오고 가니 우리네 인생도 함께 흐른다
막바지 한여름을 손 모아 뜻을 담아
또다시 다음 해를 기약하며 여름을 보낸다

칠월을 맞이함

나무들 푸르름이 절정을 맞이하는 7월이라
삶 속에 천근만근 무거운 발걸음도
맑고 푸르른 나뭇잎들이 생기를 불어준다
시원한 에어컨 바람에서는 느낄 수 없는
진정한 여름의 숲을 내디디며
우리 모두는 여유롭게 쉼이 있는 7월
휴식의 계절로 보내지노라

낙엽

낙엽 그대는
그 마음 부끄러워 붉게 물들면
관광하는 벗님네들 감탄하며
추억을 살리려고 사진을 찍어 둔다

낙엽 그대는
태양 빛 받아서
나무 살찌워 나이테 만들고
연약한 잎새로 그 어떤 불평도 없이
영양공급 다 하면서 수집에 오그린다

낙엽 그대는
이제는 너의 세상 옷 벗어 놓고
생명의 뿌리 곁으로 되돌아가
밑거름 되려느냐
다음 해 봄을 기다리며

꿈을 가진 낙엽

입동 추위 오들오들
떨리는 초겨울
여기저기 널린 낙엽
갈 길이 어디메뇨
흰 눈 내려 덮어주면
야위었던 그 모습
기지개 켜고 누워
여유 있게 잠자다가
또 한 해를 맞이하여
새 꿈을 이룬다

낙엽아 낙엽아
지는 것은 너만이 아니다
추억을 남기고 떠나는 계절 위에
가을은 또 하나의 만남을 위한 이별이다

늦은 가을

황금 물결 들녘에서
산뜻하게 불어오는
늦은 가을 바람소리여라

선들선들 불어오면
옷깃을 여미게 하며
마음이 성큼 쓸쓸해진다

너도나도 겨울 채비
아낙네들 손길이 바빠지며
이곳저곳 겨울을 채비한다

나무들도 홀가분히 잎을 떨구고
새봄을 맞으려고 뿌리 곁으로
자연의 신비는 창조주 힘이어라

열매를 기다리며

아침 안개 속에 농장 가는 길
맑은 공기 더없이 좋아라
밭매고 뿌리 씨앗
이랑마다 새롭게 움터나고
너울너울 잎새마다
너털웃음 꽃 피우네

어디서 찾아왔는지
불청객 해충들 모여들어
근심 걱정 애타는 마음

소낙비 지나가고
무지개 나타나는 들녘에
상추 쑥갓 가지 고추
공해 없는 자연식품
우리 가족 우리 이웃
건강으로 지켜주네

서울의 한강수는 흐르는데

- 평화통일을 염원하며

오천 년 역사 속에 유유히 흘러만 가는 한강수이어라
북한강과 남한강이 서로 만난 두물머리 합쳐지니 서울의 한강으로 발원지가 되었어라
온갖 것을 받아가며 오늘도 끊임없이 흘러만 간다
우리 모두 같은 민족 조선의 역사여… 어이해서 나라 잃고 36년 일제하에 허리 굽힌 삶의 현장은 2차 대전 종식으로 해방하고 기뻤으나 이념대결 6·25전쟁으로 분단의 73년 지나도록 가슴 아픔만이 조아려지는구나
38선이 웬말인가 하루속히 풀어져라 말씀이여 솟아나라
벗어나자 두물머리 흘러내려 서울의 한강으로 명명된 듯 남북한의 이념 털고 하나님의 통치국가 자유로운 대한민국으로 서울의 한강이 유유히 흐르듯이 우리들 남북한의 같은 민족 합치되어 자주통일 이룩하고 세계만방 외쳐대며 3차 대전 막아내고 대한민국 선진대국 한강수 흐름같이 평화롭게 흘러만 가자
태평양과 대서양을 채워지니 73년 분단의 아픈 피가 평화를 갈망하는 눈물이 아니런가
이 자연의 모든 장관(壯觀)은 하나님의 섭리(攝理) 속에 은혜로 평화통일 바라본다

5부

말하는 법

말이란 의사소통을 위해서 하는 것만은 아니다
자기가 자기에게 말할 수 있고
절대자인 신과도 말할 수 있다
삶 속에 날마다 해야 할 말과
해서는 절대로 안 되는 말이 있다
이러한 말을 분간하는 방법을 반드시 알아야 한다
나의 입에서 나오는 대로 함부로 뱉는 것은 공해이다
상대방을 즐겁게 기쁘게 해주는 말과
힘이 생기도록 칭찬하는 말을 연습해보라
그것이 말 잘하는 유일한 법이다
말은 말한 대로 따라서 모습도 변한다
좋은 말을 찾아서 서로가 말이 오고 가면
그 사람들은 말한 대로 이루어진다

노년에도 행복하게 사는 법

자기의 분노를 참으며 현재를 만족하라
밖으로 나가서 자연을 바라보고 감사하라
자기 몸 건강으로 좋은 친구들과 기쁨으로 살라

푸른 잎도 언젠가는 낙엽되어 영원한 것은 없나니
친구들과 함께라면 힘이 되고 먼길도 갈 수 있나니
서로가 외롭지 않게 안부 전하며 살아가세

꽃잎도 떨어지면 바람인가 하지만 세월인 것이라
창문 바람 서늘해서 가을인가 했더니 그리움이 닥친다
세월 안고 눈물만 흘리니 빛났던 옛사랑이로다

다시금 생각하면서 친구는 서로 간의 재산이라
삶에서 활기 주노니 서로가 정다워지노라
그래서 노년에도 행복함은 친구 사이로다

되돌아오는 마음

인생은 세상을 살면서 수많은 마음을 주고받는다
사랑의 마음, 배려의 마음, 용서의 마음 때로는 미움의 마음, 과욕의 마음, 거짓의 마음, 우리가 보낸 마음들은 동그라미 인생 속에 이리 흐르고 저리 뒹굴다
결국은 마음의 주인에게 되찾아 온다
좋은 마음은 좋은 마음대로 나쁜 마음은 나쁜 마음대로 되돌려 받는 것이 세상 삶의 이치다
이 세상에는 거저라는 공짜가 그 무엇이 있겠는가 되돌아 생각하면 아무것도 없다
베풀면 베푼 대로 반면에 인색하면 인색한 대로 다시 돌아온다
우리네 인생살이가 마음먹기에 따라서 행복과 불행이 나눠지듯이 작은 손 얇은 주머니 속이라 물질로 채워 줄 수는 없어도, 따뜻한 마음만은 넉넉하게 채워 줄 수 있는 가슴이 있지 않겠는가? 그 마음 준다고 하여 우리에게 나무랄 사람 그 누가 어디 있을까 보냐
인생은 미로 같은 길을 가는 것 언제 어디서 무엇으로 또다시 만나게 될지는 아무 누구도 모르는 것이다
오늘도 내가 존재함을 감사하면서 바르게 살아갑시다

웃으면서 살자

인생은 목표를 잃는 것보다
기준을 잃는 것이 더 큰 것이다
인생의 목표를 잃어서가 아니라
기준을 잃어서 흔들린다

과거는 해석에 따라 바뀌고
미래는 결정에 따라 바뀌며
현재는 행동에 따라 바뀐다
그래서 바뀌지 않기로 하면 안 바뀐다

인생의 목적은 무한 성장이 아니다
끝없는 성숙(成熟)인 것이다
언제나 흔들림이 없이 눈을 모으고
목표를 향하여 전진하는 것이다

화내는 시간의 반쯤 웃을 수 있다면
기쁨이 살아나며 행복해진다
행복은 자신만이 만들 수 있으니
소중한 하루하루를 웃으면서 살자

오상

오상은 유교의 다섯 가지 도리 덕목이며
인의예지신(仁義禮智信)으로
오행(五行)이라고도 하고
유교 윤리도덕관의 근본사상이다

인(仁)의 핵심은 사랑이다
나라에 대한 사랑은 충(忠)이고
부모에 대한 사랑은 효(孝)이며
자녀에 대한 사랑은 자(慈)이고
형제자매의 사랑은 우(友)이며
남의 부모의 대한 존경은 제(悌)이다

의(義)의 핵심은 정신 도덕적 가치이다

예(禮)는 행동규범의 예로서 사욕을 극복하고 천리를
회복하는 것으로 인간 도덕성의 실현이다

지(智)는 옳고 그름을 가리는 마음이다

신(信)은 일언이중천금(一言二重千金)으로 말 한마디로 천금같이 무겁게 신중히 하라는 것

사람은 항상 말을 조심하여야 믿음을 받는다고 표의 문자 '人十言二信'을 만든 것임을 알아야 한다

장수의 비결

1. 밝게 살자 - 마음이 밝으면 병이 발 붙이지 못한다
2. 열 받지 말자 - 열 받으면 건강을 해친다
3. 맨손체조와 걷기는 헬스클럽보다 낫다
4. 탐구심을 가져라 - 치매를 막는다
5. 느긋하게 살자 - 성질이 급하면 단명한다
6. 고민하지 말자 - 고민은 병을 부른다
7. 남을 미워하지 말자 - 미움은 피를 탁하게 한다
8. 일찍 자고 일찍 일어나자 - 수면부족은 노화를 당긴다
9. 일어나는 즉시 물 2잔을 마시자 - 보약이 된다
10. 흙을 자주 밟자 - 자연이 명의이다
11. 과로를 삼가자 - 피로는 무언의 살인자이다
12. 뜻대로 일이 안 된다고 괴로워 말자 - 괴로움은 피를 탁하게 한다
13. 맑은 공기 좋은 물을 자주 섭취하자 - 이보다 좋은 비결은 없다
14. 쉬지 말고 자주 움직이자
15. 모든 일에 감사하자

오늘도 감사와 사랑으로 자신을 사랑하며 미운 사람 없이 따뜻하고 복된 날로 아름답고 행복하시기를 기원합니다.

호랑이와 토끼의 지혜전(토끼 승리)

호랑이를 뒤로하고 토끼가 앞서간다
토끼 앞에 나타난 짐승들이 호랑이 보고 도망간다

냇물이 고여 있는 곳으로 호랑이를 유인물 앞으로 가게 하니 호랑이는 자기가 물속에 비친 줄 모르고 싸우려고 뛰어든 사이 토끼는 도망갔다

한겨울에 호랑이에게 잡힌 토끼가 호랑이에게 말하기를 네 꼬리를 물속에 담그고 기다리면 맛좋은 물고기들이 네 꼬리에 붙어 잡아먹을 수 있다 하여 말대로 꼬리를 물속에 담그고 있자 꼬리가 얼어붙어 꼼짝 못할 사이 토끼가 도망친다

호랑이에게 잡힌 토끼가 나보다 더 맛있는 참새를 많이 잡아 주겠다고 하며 갈대숲으로 들어가서 눈을 감고 있으라 하고 마른 억새풀에 불을 질러놓고 도망쳤다. 억새풀이 타닥타닥하는 소리가 참새가 모여드는 소리로 알고 호랑이는 눈을 떠보니 불이 난 것이다. 이로 인해 호랑이의 털이 까맣게 타다 남은 검은 줄이 있다

인생열차

즐거우나 괴로우나 현실 따라 달려간다
인간 수명 길다 해도 60~70에서 가던 시절
물질문명 발전되어 오늘날은 상수(100세)시대
너나 나나 잘 살려고 욕심 갖는 인간 생활
누구나가 천수(120세) 향해 달려가려 한다

장미꽃

장미꽃은 화사하게 아름답다
꽃잎들은 짙은 초록색으로 빛나고
줄기에도 꽃잎 끝에도 가시가 있다
장미꽃은 여성들의 순수성과
미적인 감정을 가진 듯이 화사하다

장미꽃은 희망의 샘이다
목마른 사람들의 갈증을 해소한다
인간사회의 목마름을 해소하듯 한다
꽃 속 노란 꽃술의 이슬방울 먹음이다
다이아몬드 빛을 은은히 발산한다

형형색색 빨간 노란 흰색 꽃 속으로
나비 벌들이 춤을 추며 넘나든다
무엇인가 심어준 듯 분주하게 오간다
아마도 자연현상이지만 모든 것이
창조주의 깊은 섭리인 듯싶구나

6부

코로나와 인류의 삶

끝까지 아닐 듯이 견디고 지내온 폭염 속에
태풍의 세력은 해를 거듭해서 엄습하며
코로나 세균으로 마스크는 입을 막고
그 어느 해 보다도 지치고 힘든 여름을 견디었네

이제는 풍요로운 결실의 계절 가을이 왔어라
높고 푸르름의 하늘 조석으로 신선한 바람
너도나도 좋은 듯이 마음껏 맞으면서
삶 속에 안식을 찾는 듯이 평온함을 그린다

우리들 세상 속에 코로나 세균포자
그의 실상은 인류들의 죄가 아닌 것인지
혐오대상 전파됨이 교회를 지목하네
교회가 아니오라 교인일 수는 있겠지

지구촌 온 세상의 함께하는 인류들이여
너 나 할 것 없이 회개하고 새롭게 변신하여
주님의 부르심에 모두 함께 달려가서
주님 뜻에 부합되어 사랑하며 살아가세

장맛비와 코로나

먹구름이 가득한 장맛비가
동남풍을 타고 온다
메마른 대지 위에 장맛비 쏟아지면
마을 앞 시냇물은 무참히도 쓸어 버린다
들녘은 비에 젖어 푸르름만 덧보이며
코로나19 예방 마스크로 불편함인데
생활 속에 사사건건 다툼이 난무하니
저 멀리 장마 빗물 속으로 함께 보내졌으면

코로나와 마스크 1

발목을 덥석 잡은 알 수 없는 코로나
일상 업무 마비 상태 그리움이 솟구쳐라
어느샌가 삼식이 돼 집콕하네요
하루 세끼 할멈 눈치 둘레둘레한다

텔레비전 켜면 쏟아지는 코로나 이야기
감염공포 마스크 사회적 거리두기
일상 업무 모임행사 저만치 바라볼 뿐
핸드폰이 그렇게도 좋은 줄 몰랐어라

운무 생활 언제까지 저 멀리 바라볼 뿐
백신인지 흑신인지 어서 빨리 나왔으면
인류의 죄악상이 아직도 남음인가
태풍 열차 코로나 승차시켜 떠나보내자

코로나와 마스크 2

코로나 병균포자
지구촌을 덮었어라

인류 삶의 타락하여
회개하라 명하신다

세균 방어 마스크는
방어 작용 수단일 뿐
지구촌의 바른 교리
사랑으로 감싸주고

너도나도 연합하여
마스크 역할 담당
코로나 공동분해
지구촌 멀리멀리

우리 모두 하루 빨리
일상생활 회복하세

노년의 무거운 발걸음

푸르름에 절정을 맞는 칠월 삼복더위 속에
노년의 발걸음 천근만근 무거운 발걸음도
맑고 푸른 나뭇잎들이 생기를 불어주는데
코로나 방역 4단계로 보다 여유로운 모습
발걸음은 멈추게 하고 있으니 어찌할까
그런대로 세상 삶 속에 입 맞추어 보내니
여유와 쉼이 있는 계절로 삼복더위를
무거운 발걸음을 건강으로 지켜가세

또 한 해를 보내는 마음

한반도의 분단은 77년이어라
동족 간의 아픔이 올해도 이어지면서
남북한 이념 갈등이 그 무엇이기에
2021년 올해도 그대로 저물어가니
석양에 비치는 모습은 황홀하기만 하다

2022년 새해가 성탄 트리에 빛을 밝히며
아기 예수 탄생하니 평화가 깃들고
아기 예수 탄생하니 어둠이 광명으로 빛나고
아기 예수 탄생하니 사랑의 꽃이 피어난다
아 아 기쁘도다 우리 모두의 심령이 새로워지네

아 우리 대한민국 삼천리금수강산에
샘물이 흘러서 강을 이루며 바다를 덮음같이
여호와를 아는 지식이 성서의 물결같이
백두산에서 한라산까지 온전히 덮어지나니
복음으로 남북통일 평화의 성서대국 대한민국이어라

또 한 해를 보내면서

나뭇잎 떨어져 굴러가듯 아쉬움을 그려보며
세월 속으로 또 한해를 역사 속으로 보내노라
삶의 가치를 어디에 두고 또 새해를 맞이하는지
너나없이 모두들 복 빌어 맞이하는데
나 자신 상처와 증오 속에 남은 것 있다면
모두 다 싸잡아 낙엽 따라 보내리

새해를 맞이하는 그 마음 소망 가운데
채우려는 욕망보다 함께 가고자 배려하는 마음
조심조심 생각하며 노년 인생을 그려본다
뜨는 해도 아름답지만 노년으로 지는 해를 아름답게
바라보며 가꾸려고 노력해본다

우리 모두 다 함께 밝은 빛을 보이소서
함께하는 기쁨 속에 아름다운 나눔의 희망으로
서로가 힘이 되어 남은 여생 즐겁고 행복하게
또 보고 싶은 대상으로 새해를 맞이하니
오늘도 범사에 감사하고 또 감사하여라

사계절을 보내는 마음

눈부신 햇살이 얼어붙은 지표를 깨고
새 생명 솟아내는 지기(地氣)가 감도네
따스한 햇살이 우리 몸 녹여주니 가벼운 옷차림
개나리 진달래가 먼저 알고 반겨주네

높아지는 하늘의 흰 구름 나무들 푸르름이
붉은 장미 철쭉꽃이 화사하게 타오르고
아 오월의 푸르름이여 그 모습 싱그러워라

높은 하늘에는 구름들이 창공에 수놓고
산과 들녘 황금빛 오색으로 물들어가고
식물과 과수 열매 맺고 늦장이 게으름 말라진다

대지는 말없이 잠들 때 물기 걷히며
낙엽이 우수수 떨어지면 온갖 동식물이
겨울날 준비하니 흰 눈을 이불 삼고
고요히 잠들어 내일의 꿈을 꾼다
사계절을 보내지는 모습들이
허전한 가슴에 머문다

너그럽고 감사한 마음으로

인간은 한세상 살아가는 동안 많은 사람들과 인연을 맺고 그 인연 안에서 생사고락을 하며 살아갑니다

그런데 때로는 내게 아무런 해를 주지 않는데도 불구하고 막연하게 미워지고 보기 싫어하는 사람이 있어서 그 사람에 대한 이야기만 해도 시기하며 좋지 않은 평가를 할 때가 있습니다
삶에서 미운 사람이 없어야 합니다

해불양수(海不讓水)라는 말을 들어 보셨지요!
바다는 강물을 물리치지 않는다는 뜻입니다 물은 깨끗한 물이라고 해서 환영하고 더러운 물이라고 해서 물리치지 않습니다
물은 그 어떤 환경을 구분하지 않고 자기에게 오는 모든 물은 다 받아들입니다. 그리고 자기 안에서 정화를 지켜 나갑니다 만약 우리들의 삶이 물과 같은 삶으로 살아갈 수 있다면 분명하게 성인(聖人)이 되겠지요

보기 싫던 사람이 불쌍하게 느껴져서 그 사람을 위해 울어주고 기도해주며 사랑을 나눠주는 나 자신의 삶이 될 수 있다면 누구보다도 복된 사람은 '나'일 것입니다

무조건 우리들은 다 함께 예수 공동체 안에서 섬김의 자세로 범사에 감사하면서 살아갑시다

축복시

1. 신년축복

이천이십이년 임인년의 새해 아침 밝았어라
대한민국 대통합이 국가 발전 이루리라
너도나도 양보협조 신뢰회복 당김일세
세계 선진 국가들과 바로 가게 힘 모으세

2. 조국축복

대한민국 한반도의 열방정세 급변하니
미국 중국 일본 북한 새 지도자 세워졌나
대한민국 새 지도자 하나님이 세웠으니
국법 질서 바로 세워 부국강병 이룩하세

3. 통일축복

천지대명 이 시대의 삼대세습 이중국가
그 백성의 고통소리 어찌하여 듣는가
북녘땅의 내 동포여 고난 잠시 참으소서
신의 가호 있으리라 구원의 날 기다리소

별 따라가는 길 II
최석산 시집

2022년 8월 10일 초판 인쇄
2022년 8월 15일 초판 발행

지은이 / 최석산
발행인 / 강병욱

발행처 / 도서출판 교음사

03147 서울 종로구 삼일대로 457 수운회관 1308호
Tel (02) 737-7081, 739-7879(Fax)
e-mail / gyoeum@daum.net

등록 / 제2007-000052호

* 잘못된 책은 바꾸어 드립니다. 값 13,000 원

ISBN 978-89-7814-868-9 03810